E. TAUSSERAT

LES BOURDALOUE

NOUVEAUX DOCUMENTS INÉDITS

Soudure des branches de Vierzon, de Mehun et de Bourges

(Extrait de la *Revue du Berry*).

CHATEAUROUX
IMPRIMERIE A. MELLOTTÉE
2, RUE GUTENBERG, 2

1908

Château de Chevilly, commune de Méreau,
par Vierzon (Cher) 6 aout 1908.

Monsieur le Conservateur,

J'ai l'honneur de vous adresser par ce courrier et d'offrir à la Bibliothèque nationale un exemplaire du tiré à part de mon étude Bourdaloue parue en 1908 dans la revue du centre publiée à Châteauroux, mais éparpillée dans cinq livraisons et par conséquent sans pagination régulière,

Cette étude, j'ose l'espérer, présentera pour certains spécialistes, quelques faits intéressants.

D'abord les deux manuscrits sur les Bourdaloue conservés à la bibliothèque nationale, fonds français 32845 – 32846 et qui sont la base de mon travail ont été jusqu'à ce jour attribués l'un et l'autre à Robert Hodeau Sr du Troncay, bien que le premier seul, très sérieusement écrit, soit de lui ; le second, sans valeur et de haute fantaisie, est l'oeuvre de son fils qui portait le même prénom et le même surnom de seigneurie (note, pages 4 & 5.).

D'un autre côté, mon étude, appuyée de preuves authentiques, permet de constater le soin minutieux mis par Robert Hodeau père dans

dans la recherche et la critique des documents à l'aide desquels il rédigea sa généalogie ; aussi est-il très intéressant de le souligner, car la plupart de celles composées par les familles elles mêmes pèchent soit par la pauvreté des recherches, soit par l'exagération des qualités.

Enfin j'avais à déterminer d'une manière définitive l'antique origine de deux personnages historiques : pour l'illustre prédicateur je n'avais qu'à compléter des travaux antérieurs, rétablir quelques dates et * produire des preuves toujours très utiles à consulter (Branche de Vierzon 1 à 12).

Mais il me restait le fameux ingénieur Bourdaloue qui par ses études de nivellement, parvint à calculer mathématiquement le niveau des eaux de la Méditerranée & de la mer Rouge et à démontrer la possibilité de les réunir par un canal interocéanique ; ce fut le point de départ du travail gigantesque entrepris et si heureusement terminé par M. de Lesseps.

Qu'était donc notre ingénieur berrichon par rapport à l'illustre jésuite ? Une légende qui jusqu'à ces derniers temps, eut cours à Bourges et qu'il laissait complaisamment se propager et même se consolider, le faisait petit neveu du p. Louis Bourdaloue ; les journaux du Berry eux-mêmes, en relatant sa mort, s'emparèrent de cette légende et lui en firent comme une auréole (v. notes pages 29 · 37).

Cependant c'était une thèse bien difficile à soutenir puisque Louis Bourdaloue n'avait qu'une sœur, mad^e^ Chamillard (page 12) ; mais notre ingénieur tenait à sa parenté imaginaire et voulait à tout prix approcher son homonyme de très près ; il s'y employait d'ailleurs si activement (pages 28 à 29) que les hommes les plus compétents de Bourges, en présence de ses affirmations et de renseignements pas trop superficiels, ne mettaient pas en doute la proche parenté dont il se prévalait.

D'autres Bourdaloue (car ils sont encore ~~[illegible]~~ nombreux) même dans les positions les plus infimes, suivant son exemple, se donnaient la même origine, les petits neveux pullulaient de plus en plus ; tous, il est vrai, descendent, comme l'ingénieur, des branches secondaires de Mehun et plongent leurs racines en plein XVe siècle, ce qui n'est pas donné à tout le monde ; mais leur filiation les éloignent du but visé à un point tel qu'il est difficile de les admettre comme parents de Louis Bourdaloue ; les uns & les autres ont pour auteur commun Raymond Bourdaloue fils de pierre et petit fils de Macé (1430) pages 13.27.

J'ai pu, en rédigeant la branche de Mehun (pages 16-17), et sans sortir de mon sujet, parler de la prise de cette ville par les protestants et indiquer le fonds dans lequel les amateurs de faits historiques anciens ont la certitude de trouver, si ils le désirent, une ample moisson de documents inédits,

Veuillez agréer,

Monsieur le conservateur,

l'assurance de ma considération distinguée

Causseran

Je joins à mon envoi quelques pages sur les Méry, perdues ou mieux noyées dans la revue du Berry ; comme il y a certainement un ... sur le chirurgien de la reine et peut-être sur le bénédictin, ce petit travail pourrait y ~~être joint~~ trouver place.

E Causserat, château de Chevilly commune de Mézeau par Vierzon (Cher)

Ouvrages écrits par Mr. E. Toubeau & publiés par des revues, mais pour lesquels il y a des tirages à part avec pagination régulière.

quelques uns de ces ouvrages doivent être déposés à la Nationale.

1° Chroniques de la châtellenie de Lury. gr. in-8. 296 pages - 20 lithographies - 1878 (mémoires de la société historique du Cher.) il y a un tiré à part.

2° Voyage en France - de Chaintrix à Varennes, 24 pages. 1891 - in-8 - extrait des annales de l'Enregistrement - le Havre - Murer éditeur - il y a un tiré à part - (relatif au voyage de Varennes)

3° Vierzon & ses environs 468 pages - (mémoires historiques du Cher 1896 - 1897 - 1898 - avec pagination régulière) - il y a un tirage à part. Je possède un exemplaire orné de 70 dessins ou compositions à l'encre de chine avec une table manuscrite de 72 pages.

4° Les hospitalières & les chanoinesses du ~~St Sépulcre~~ St Sépulcre de Vierzon in-8 - (87 pages) 1899 - antiquaires du centre XXIIIe volume - pas de tirage à part -

- Je possède quelques feuilles non brochées -

5 Les Bourdaloue in-8 - ~~1909~~ 1900

89 pages - Dumoulin éditeur, 5 rue des grands augustins à Paris -

Il doit y avoir un dépot à la bibliothèque nationale.

6. Généalogie des Bugnot - 84 pages

10 photogravures ~~(Gou~~ 6 tableaux généalogiques

Gout - éditeur - orléans 1905 - gr. in-8 -

Il doit y avoir un dépot à la bibliothèque nationale.

si il existe, j'aurai à envoyer quelques pages rectificatives à joindre à l'ouvrage.

manuscrit :

7. Mes aïeux - fort volume gr-in-8 orné de nombreux dessins à la plume et de 16 tableaux généalogiques.

Chevilly commune de Méreau - par E. Taunesat.

E. TAUSSERAT

LES BOURDALOUE

NOUVEAUX DOCUMENTS INÉDITS

Soudure des branches de Vierzon, de Mehun et de Bourges

(Extrait de la *Revue du Berry*).

CHATEAUROUX
IMPRIMERIE A. MELLOTTÉE
2, RUE GUTENBERG, 2

1908

Les Bourdaloue

Nouveaux documents inédits.
Soudure des branches de Vierzon, de Mehun et de Bourges.

Par E. TAUSSERAT.

Nous avons fait paraître en 1900 une étude généalogique aussi complète que possible sur les différentes branches de la famille Bourdaloue ; cependant, par suite de documents erronés et insuffisants, il s'est glissé dans notre travail d'assez nombreuses erreurs de noms, de dates et de classement ; mais aujourd'hui, grâce à une copie scrupuleusement exacte du manuscrit de Robert Hodeau père, faite, en grande partie à notre intention, par le savant président des Antiquaires du Centre, M. le Vte de Laugardière qui veut bien nous faire l'honneur de nous compter au nombre de ses amis, grâce à ses précieuses recherches sur *Adrien Bourdaloue, ses ascendants, ses collatéraux* (1), grâce à nos récents dépouillements, nous pouvons rectifier fructueusement notre étude, la compléter et enfin relier, sans objection possible, à la tige principale de Vierzon, la grande branche de Mehun et à cette branche celles de Bourges.

Notre étude, il est utile de le dire, ne s'appesantira que sur les parties inédites de l'œuvre et ne fera qu'effleurer celles déjà traitées en 1900 ; il est donc indispensable, si l'on veut connaître bien des détails négligés ici, d'avoir sous les yeux les brochures déjà publiées et dont le présent travail ne forme que le complément (2).

(1) *Bourges* 1903. Renaud, éditeur.

(2) *Revue du Centre* de Châteauroux : *Beauchène*, 15 juillet, 15 août, 15 octobre 1883, 15 mars 1884. *Tausserat*, 15 septembre 1883, 15 février 1884 ; du même, *Etude généalogique sur les Bourdaloue*, 1900, Dumoulin, 5, *rue des* Grands-Augustins à Paris. — Dans le numéro de la *Revue du Centre* de février 1884, la *dernière* phrase se termine par une coquille qui la rend incompréhensible ; il est donc nécessaire de la rectifier, même tardivement. Cette phrase doit se terminer par : « bien que nous *redoutions le contraire* », tandis que l'imprimeur a écrit : « bien que nous redoutions *le faire* ».

Il y a lieu d'observer que les numéros placés en tête de chaque article indiquent les pages de la brochure de 1900 où chacun de ces articles est traité.

I

(19) MACÉ BOURDALOUE

Nous continuerons à considérer Macé Bourdaloue comme l'auteur de toute la grande famille de ce nom ; nous l'avons présenté déjà comme tanneur du village de Bourdaloue à Nançay en 1450 et comme possesseur en 1464 d'une maison sise à Vierzon au *carrouer* Notre-Dame ; mais c'est là tout ce que nous savions alors de lui ; il restait pour nous un personnage énigmatique, sans entourage, sans alliance, personnage même dont on avait tenté, par trop légèrement, de faire un gentilhomme orné d'un particule, d'un blason (1) et du titre pompeux de seigneur du village de Bourdaloue (*Revue du Centre*, Châteauroux, 15 août 1883, page 390).

C'était un tissu d'erreurs que rien ne justifiait.

Aujourd'hui nous pouvons être plus précis qu'en 1900 et affirmer que Macé Bourdaloue, contemporain de Jeanne d'Arc, était non seulement domicilié à Vierzon en 1430, mais qu'il avait alors pour femme Perrotte ALEXANDRE, fille de Pierre *Alexandre*, homme de corps de noble homme Mre Jacquet Trousseau, chevalier.

Nous relevons ce précieux renseignement dans un partage de serfs fait le 30 décembre 1430 entre ce chevalier et MM. de la Sainte-Chapelle, seigneurs de Graçay (Arch. du Cher, Sainte-Chapelle, liasse 98).

Ces serfs dont chaque copartageant reçoit la moitié, n'étaient autres en effet que les huit enfants dudit Pierre Alexandre et de Marie *Bessonne* femme bourgeoise de Graçay et fille de Jehan Besson(2) ; aussi nous paraît-il intéressant de donner la

(1) D'après M. Beauchène, Macé Bourdaloue portait : d'azur au lion couronné d'or et regardant un soleil de même au canton dextre du chef !

(2) Les Besson pouvaient être de Selles, car en 1496 une Pantalire Besson habi-

nomenclature de ces enfants, ce qui nous permettra, non seulement de laisser entrevoir le milieu dans lequel vivait, au commencement du XVe siècle, le plus ancien aïeul connu de l'illustre prédicateur, Louis Bourdaloue, mais d'expliquer les liens qui le rattachaient à Graçay ainsi que les mariages de plusieurs de ses descendants dans cette ville.

ENFANTS DE PIERRE ALEXANDRE ET DE MARIE BESSON.

Jean l'aîné, demeurant à Graçay,
Mre *Guillaume*, curé de Mério (1),
Matheline femme de Jehan Richard de Vierzon,
Jacquette femme de Gilles Bonneau de Selles,
PERROTTE femme de Macé *Bourdaloue* de Vierzon,
Jehanne femme de Jacques Niquant de Romorantin (2),
Françoise femme de Jehan Hémery de Selles,
Jehan le jeune de Graçay,

ainsi, d'après ce relevé, un des beaux-frères de Macé Bourdaloue était curé de Méreau, et un autre, Jehan Richard, occupait un rang très honorable dans la bourgeoisie vierzonnaise (3).

Disons d'ailleurs que, d'après le partage précité de 1430, « *à la partie de mesdits seigneurs de Graçay sont demeurés Matheline, Jehanne, Perrotte et Jehan le jeune de la manière que est accoutumée estre Marguerite Bessonne* ».

tait en cette ville une maison dans la grande rue allant du carroir des Barbiers au château (*Histoire de Selles*, par M. Romieu).

(1) Parochia de Mereyo 1398 (*Chroniques de Lury*, 281).

(2) Nicolas Tiquant? possédait en 1496 deux maisons à Selles.

(3) Jehan Richard receveur des deniers communs de Vierzon en 1429 (*Vierzon et ses environs*, 178 et 184) était alors détenteur d'un hôtel à Vierzon en la rue des changes et en 1449 il rachète de Regnault de Ruilly une rente perpétuelle de 100 sols tournois qu'il lui avait depuis peu vendue et assignée sur ses maisons de Vierzon et autres héritages moyennant l'abandon d'immeubles importants au village de Chevilly, paroisse de Méreau (Archives de Chevilly, 3, *Chroniques de Lury*, 95).

Il y a lieu de remarquer que le beau-frère de Jehan Richard, Mre Guillaume Alexandre, était curé de Méreau près Vierzon, que Jehan Richard possédait des immeubles importants dans cette paroisse et que ce fut sans doute par l'intermédiaire de Mre Guillaume Alexandre que se fit son mariage et celui de Macé Bourdaloue.

Ce partage faisait donc entrer dans la bourgeoisie de Graçay, *Jehan Alexandre* le jeune, ainsi que les femmes de Macé Bourdaloue, de Jehan Richard et de Jacques Niquant, tandis qu'il laissait dans la condition servile leurs quatre frères et sœurs parmi lesquels le curé de Mério.

JEHAN ALEXANDRE *le jeune,* sorti de la servitude, devint le chef d'une famille importante que nous voyons s'allier non seulement à la bonne bourgeoisie de Bourges mais même aux maisons nobles de la province (1).

Il nous suffira d'ailleurs, pour en faire la preuve, de citer les positions honorables rapidement occupées à Graçay et aux environs par les membres de cette famille ; on trouve en effet:

En 1511 *Michel Alexandre,* licencié en lois, procureur à Graçay;

En 1512 *Pierre Alexandre,* 72 ans, procureur et praticien à Maçay;

En 1512 *Méry Alexandre,* lieutenant du bailli de Graçay;

En 1518 *Michel Alexandre,* licencié en lois, garde du scel de la baronnie de Graçay.

En 1541 *Georges Alexandre,* licencié en lois, garde du scel de la même baronnie.

Nous nous sommes étendu le plus possible sur tous ces faits car ils sont anciens, curieux et importants pour l'histoire généalogique du prédicateur.

Macé Bourdaloue, d'après le manuscrit dont nous aurons à constater plus d'une fois la rigoureuse exactitude (2), laissait deux enfants : PIERRE L'AINÉ et PIERRE LE JEUNE.

(1) 25 avril 1569 (M. Girard de Villesaison, cahier 73) contrat de mariage entre honorable homme Me *Léopard Alexandre*, avocat au présidial, fils de feu Me *Gilbert Alexandre*, avocat à Bourges, d'une part et *Jehanne de Boisrouvray*, fille de Jehan de Boissouvray seigneur de Pairsesches, bourgeois de Bourges et de Louise Moreau; le futur assisté de noble Prégent de Rouy, seigneur de Sermelles, son oncle; Georges Alexandre, lieutenant en la baronnie de Graçay, son cousin germain ; dame Claude Alexandre femme de Pierre Buille, bourgeois de Bourges, sa sœur ; Pierre Fleury, procureur à Graçay, son cousin ; Claude Bourdiers, avocat.

Un Jehan Rouy, chevalier, était le 24 juillet 1419 capitaine de Graçay (fonds divers, 18).

(2) Il existe au cabinet des manuscrits de la bibliothèque nationale deux manuscrits sur les Bourdaloue, le premier, ancien 1019 du cabinet des titres, aujourd'hui Fonds Français no 32.845, est de Robert Hodeau seigneur du Tronçay, maire de

(20) *Pierre l'aîné*, dont l'alliance reste inconnue, possédait en 1498 une vigne à Vierzon au clos de l'Espine (Bailliage de Vierzon, B 2761) ; il sert de témoin en 1500 à un acte reçu par Mᵉ Etienne Bourdaloue, son fils, notaire à Vierzon, portant quittance de 9 sols 6 deniers dus par la ville de Vierzon pour réparations faites aux portes du pont du Dégout (Comptes communaux de Vierzon, 95) et se qualifie en 1502 marchand tanneur à Vierzon dans une reconnaissance de rente souscrite au profit de Perrette Lecomte, femme d'Accasse d'Albiac (Grossous, 15).

D'après le ms 32845, il aurait laissé quatre enfants :

1° GEOFFROY père de Jacques, marchand tanneur (42, branche du Breuil) ;

2° ETIENNE, né en 1475, notaire à Vierzon de 1500 à 1541, seigneur des Aubussetz, époux de Rose Barbier (20) ;

3° CATHERINE, épouse de Pabot d'où François Pabot (1) ;

4° JEHANNE, épouse de Jehan Chappus, d'où Jacques et Girard Chappus (2).

II

(20) PIERRE BOURDALOUE LE JEUNE

Pierre Bourdaloue le jeune 1502-1503, épousa Marie *Trippet* qui d'après une note du chevalier Gougnon mise en

Bourges et le second, ancien 1020 du cabinet des titres Fonds Français nº 32.846, qui lui a été à tort attribué, est un véritable roman composé par son fils (lequel portait le même prénom et le même surnom de seigneurie), ainsi que le prouve d'ailleurs la date d'une lettre que lui écrit de la Noue son cousin, Antoine de Bourdaloue, en lui renvoyant, le 14 août 1689, le manuscrit en question avec ces observations : « *qu'il faudrait un peu prouver certains endroits qui doivent servir de fondement à la vérité de cette généalogie; j'aye pris*, ajouta-t-il, *la liberté de les apostiller comme vous me l'avès ordoné.* » (Renseignement fourni par M. le Vᵗᵉ de Laugardière.)

(1) M. Beauchène dans la *Revue du Centre* du 16 mars 1684-132, dit que Jacques Bourdaloue, fils de Geoffroy, épousa Catherine Pabot, fille de François Pabot, échevin de Bourges en 1568 ; c'est, il nous semble, une double erreur, Jacques Bourdaloue avait pour femme Perpette Couriou (42) et ce fut une de ses tantes, Catherine qui d'après le ms 32845, épousa un Pabot dont l'un des enfants, probablement nommé François, était échevin de Bourges en 1568.

(2) Les Chappus habitaient déjà Vierzon du temps de Jeanne d'Arc (*Vierzon*, page

marge du ms, portait en 1540 suivant M. du Tronçay (c'est-à-dire Robert Hodeau fils) : *d'argent à trois croix de Saint Antoine de sable* (1) ; elle pouvait être fille de Me Trippet, notaire à Issoudun en 1446, sœur de Jehan Trippet, licencié en lois, garde du scel de Graçay en 1488 et petite-fille de ce Guillaume Trippet *marchent et bouchier* à Vierzon qui, le 11 mars 1425, céda à Gillet de la Grée, moyennant 100 écus d'or et trois quartiers de vigne à Monlavard, un hostel et manoir avec les maisons et chezeaux d'icellui appelés la mestairie au Jay comprenant des héritages très importants (2).

C'était un riche bourgeois habitant en 1429 un hôtel situé rue Notre-Dame (*Vierzon*, page 178) et qui, en 1433, avait prêté à la ville 12 réaulx d'or donnés à un capitaine d'aventuriers du nom de Fortespice pour obtenir de lui qu'il épargnât Vierzon menacé par ses bandes dont l'effectif s'élevait à plus de 700 hommes (*ibid.*, 189-190).

Un terrier de 1514 conservé dans les archives de Grossous (n° 5) nous indique que Pierre Bourdaloue n'existait plus à cette date ; parmi les censitaires, en effet, nous trouvons :

> *Marie ve de feu Pierre Bourdaloue le jeune ; une minée d'ouches et vergers au lieu des basses granges à Vierzon, joute le chemin du pont au moulin de Grange.*

177). Un premier Jehan Chappus eut un fils, Jehan, élu 1475-1477 et pour petits-fils Jacques Chappus, notable de Vierzon en 1533 et Mre Girard Chappus, prêtre, ce dernier fut le héros d'une curieuse anecdote racontée à la page 366 de *Vierzon* ; elle est toute d'actualité.

(1) Nous trouvons à peu près à la même époque :

Marguerite Trippet veuve en 1440 de noble homme Denis de Senneville, écuyer seigneur de Mérou, paroisse de Coulon (Inventaire de Graçay).

Olive Trippet femme en 1486 de noble homme François de Montigny, écuyer seigneur de Cornilly, terre et justice de Romorantin et fille de honorable homme et sage *Me Jehan Trippet* et de Jehanne Faucat ; cette dernière, de son côté, avait trois sœurs toutes parfaitement alliées : *Catherine* femme de noble homme Noël de Place seigneur de Bretigny ; *Louise* femme de Louis de Repaire ; *Jacquette* femme de noble homme Poncet de Laurian.

(2) La métairie au Jay, actuellement la Gérie à Vierzon — Pierre le Jay, écuyer était en 1412, capitaine et maître des eaux et forêts en la terre de Graçay (fonds divers, 17). Voir pour l'origine de la Gérie : *Vierzon et ses environs*, page 483-note.

Il laissait huit enfants dont les prénoms ont été, en grande partie, dénaturés dans notre étude de 1900 en raison de la copie défectueuse du manuscrit alors numéroté 1019 ; pièce connue sous le nom de *copie Beauchène* et que nous avions seule alors à notre disposition.

Les nombreuses lacunes et irrégularités dont elle est entachée ne nous avaient pas permis de relier à la tige de Vierzon les branches de Mehun et de Bourges.

Ainsi nous lisons dans la *Revue du Centre* du 16 mars 1884, p. 133, à l'article signé Beauchène :

« Pierre Bourdaloue 2me de nom épousa Marie Trippet d'où :

» Guillaume, *Simon*, Renault, *Simonet*, Estiennette, *Guillon* et *Louise.* » Or, d'après le relevé si exact de M. le vicomte de Laugardière, les enfants de Pierre Bourdaloue le jeune portent les prénoms suivants :

1° GUILLAUME qui suit ;
2° REMON et non Simon ;
3° RENAULT ;
4° REMONNET et non Simonet ;
5° ESTIENNETTE ;
6° GILLON et non Guillon ;
7° LOUISE, alliance non indiquée par M. Beauchène ;
8° MACÉE et non Marie (1) ;

ainsi, sur ces huit enfants, il s'en trouve quatre dont les prénoms sont dénaturés et une dont l'alliance n'est pas indiquée bien que donnée dans le manuscrit : il n'y a pas lieu d'ailleurs de s'étonner de ces fâcheuses erreurs quand on voit à la même page de la *Revue du Centre*, M. Beauchène transformer les noms bien connus de Brouard en Crevard, de Parthon en Pachon, de la Varenne en de Verneuil, donner pour père à Raymon Bourdaloue, procureur du roi, Claude au lieu de Guillaume, présenter ce Raymon, parce qu'il était procureur du roi probablement, comme auteur de la seconde branche de Bourges (la

(1) Le nom de Marie donné dans la copie Beauchène au lieu de Macée nous a trompé, nous avons fait cette Marie fille de Pierre et femme de Jehan Rousseau (1900, page 22) tandis qu'elle est fille de Remonnet Bourdaloue et de Jehanne Baucheton (voir ci-après, branche de Mehun).

sienne), affirmation d'autant moins facile à vérifier que nul alors ne savait d'où elle sortait et que son véritable chef, nous en avons maintenant la preuve, est Claude Bourdaloue, tanneur à Mehun.

Ce simple exposé suffit pour faire comprendre que les recherches généalogiques de M. Beauchène ne peuvent pas être prises au sérieux.

En résumé REMON eut pour enfants :

1° *Claude*, auteur de la branche de la Poulleterie (36) ;

2° *Pierre*, boucher à Vierzon, époux de Anne Trybert ;

3° *Raymon*, boucher à Vierzon, époux de Reine Bouchay ;

4° *Pierre le jeune*, scellier à Romorantin, époux de Madeleine Bonnet ;

5° *Marie* femme de François Gervaise, marchand à Romorantin.

RÉMONNET donna naissance à la grande branche de Mehun sur laquelle nous aurons à nous étendre assez longuement.

LOUISE épousa *Jehan Moret* de Graçay et eut Claude et Jehan Moret.

MACÉE, désignée sous le nom de Marie dans la copie Beauchène, reste avec un avenir totalement inconnu (1).

Nous passerons maintenant très rapidement sur les degrés suivants de la branche principale car ils sont bien connus ; il y aura donc lieu, pour les détails, de se reporter à la brochure de 1900.

III

(22) GUILLAUME BOURDALOUE, marchand à Vierzon, époux de Anne *du Sollier*, eut trois enfants :

1° CLAUDE qui suit ;

2° LOYS épousa *Perpette Masson* et eut un fils, *Pierre*, qui mourut célibataire à Issoudun ;

3° CLAUDE LE JEUNE épousa *Jehanne de Laujon* et n'existait plus en 1595.

(1) Voir pour les quatre autres enfants, leur qualification ou alliance, mon étude *Bourdaloue de 1900*, page 21.

IV

(34) CLAUDE BOURDALOUE L'AINÉ, marchand bourgeois de Vierzon, administrateur de l'Hôtel-Dieu de cette ville, épousa : 1° Etiennette *Tixier* ; 2° Marie *Lardier*, et eut douze enfants :

1er lit :

1° CATHERINE épousa : 1° *Jehan Bidault*, de Vierzon ; 2° *Pierre Dupont*, procureur fiscal à Graçay ;

2° CLAUDE, avocat à Bourges, qui suit ;

3° JACQUETTE épousa : 1° *Michel Rousseau*, maître du mouton à Vierzon ; 2° *Étienne Poussard*, fils de François, notaire à Mehun ;

4° MARIE épousa : 1° *Antoine Servin*, receveur à Lalouë ; 2° *Pierre Guimon*, à Bourges ;

5° GUILLAUME mourut célibataire ;

2e lit :

6° PIERRE, marchand bourgeois à Vierzon, épousa *Madeleine d'Avaynes ;*

7° MAGDELAYNE épousa Me *Estienne Richer*, procureur et notaire à Vierzon ;

8° CATHERINE épousa : 1° *Claude Merlat*, marchand à Bourges ; 2° *Ursin Bonnemain*, 1598 ;

9° ANTOINE, secrétaire du duc de Guise, intendant d'amirauté des mers du Levant, construisit le château de la Noue (Voir *Antiquaires du Centre*, T. 23, 1899. *Chanoinesses du Saint-Sépulcre*, page 128 et notre *Étude généalogique de 1900*, page 12) ;

10° MICHEL, dit capitaine l'Espine, épousa : 1° *Marie de Valentiennes ;* 2° *Marie de Mahis ;* 3° *Marie Barathon*, d'où 8 enfants ;

11° ETIENNE, dit capitaine *la Creusée* et non *la Ramée*, comme le porte la copie Beauchène, forma la branche de la Noue (34) ;

12° JEHANNE épousa : 1° *Robert Chenu*, marchand à

Mehun ; 2° *Nicolas Godeau*, scribe en l'Université 1596 ; 3° *Nicolas Damours*, avocat 1599.

V

(27) CLAUDE BOURDALOUE, avocat au siège présidial et de la maison commune de Bourges, juge des causes d'appel de la conservatoire des privilèges apostoliques de l'Université de Bourges, s[r] des Chaumes par acquisition de Jehan Gougnon, portait, d'après le livre vert de la ville de Bourges, *d'azur au lion d'or adextré en chef d'une estoile d'argent* (1); il épousa le 15 octobre 1571 *Catherine du Chèvre* et le 10 juillet 1601 *Jacquette de Puypéron*, d'où 17 enfants.

1er lit :

1° CLAUDE (natus XX Augusti 1572) épousa : 1° *Catherine Robin*; 2° *Anne Mazelin* ;

2° PHILBERTE, née le 3 novembre 1573, mourut jeune;

3° JEHAN, né le 15 janvier 1575;

4° Pierre, né le 1er novembre 1576, avocat en Parlement à Paris, mort le 15 mars 1599;

5° CATHERINE, née le 20 novembre 1577, morte célibataire;

6° MARIE, née le 30 décembre 1578, religieuse à Saint-Laurent de Bourges;

7° GUILLAUME, s[r] du Bouchet, né le 10 avril 1580, épousa

(1) La modeste estoile d'argent est redevenue, on ne sait pourquoi, un brillant soleil d'or, mais le lion d'or ne fixe plus le soleil comme du temps de Macé Bourdaloue le tanneur! *Le livre vert*, recueil des armoiries des maires et échevins de Bourges, étant perdu, la mention qui en est faite est empruntée au ms 32845, elle doit être de la main du chevalier Gougnon (M. le Vte de Laugardière).

M. de Barral, dans un bel article publié par la *Revue du Centre* le 15 juillet 1884, parle en ces termes des armoiries du prédicateur : Ce blason, par trop prétentieux pour l'échevin Claude et le lieutenant général Etienne, est magnifique quand on le voit au bas du portrait du grand Bourdaloue. Bourdaloue fut bien un lion intrépide en face des rois, indomptable et invincible en face des erreurs et des vices de son temps, et quel soleil dans cette pléiade de soleils du XVIIe siècle : et quelles lumières éclairèrent cette âme pure comme l'azur céleste! et de quelles splendeurs surtout ne fit-il pas briller la vérité! de quelles clartés n'illumina-t-il pas les intelligences!

à Marseille, le 6 juillet 1611 *Louise Daumet,* qui mourut le 11 avril 1637 (1) ;

8° ANNE, née le 21 novembre 1583, morte jeune ;

9° ÉTIENNE, né le 19 avril 1585, qui suit ;

10° JEHANNE, née le 28 janvier 1587, morte jeune ;

11° NICOLAS, né le 21 juillet 1588, mort jeune ;

12° JEHAN, né le 20 septembre 1589, s^r^ de Bussy et d'Aubilly, épousa *Marguerite Tullier (il y eut entre eux en 1640 une donation mutuelle)* ;

13° FRANÇOISE, née le 11 octobre 1590, épousa en 1618 *Paul Lelarge,* avocat au siège présidial de Bourges et mourut le 29 décembre 1621 ;

14° ANNE, née en janvier 1595, morte jeune ;

15° PIERRE, né le 24 juin 1599, mort jeune ;

2e lit :

16° CLAUDE, avocat ;

17° Joachim, mort jeune ;

« Ledit Claude, père, avocat, mourut le 20 décembre 1618, » ladite du Chieure mourut le 25 juin 1599 » (ms 32845, copie de M. le Vte de Laugardière).

VI

(30) ÉTIENNE BOURDALOUE, conseiller du roi, lieutenant général civil et criminel, commissaire examinateur à Vierzon, épousa Marie BESSÉ, le 6 septembre 1606 et eut huit enfants :

1° ÉTIENNE, qui suit ;

2° MARIE, née le 18 juin 1610, épousa le 5 juillet 1626

(1) Du mariage de Guillaume Bourdaloue avec Louise Daumet sont issus :

1° *Charlotte,* née le 21 août 1621, qui épousa le 4 janvier 1638 suivant c. d. m. reçu Panat, notaire à Marseille, *Jehan Paul de Guibert,* écuyer, s^r^ de Château-Follet à Marseille ;

2° *Pierre,* né le 13 juillet 1623 ;

3° *Madeleine* qui épousa le 11 mars 1648 suivant c. d. m. reçu Joussin, notaire à Marseille, *Rolland frejus,* écuyer ;

4° *Thomas, assassiné dans le terroir de Marseille, le 8 octobre 1654, alors qu'il allait de l'une de ses bastides à l'autre, par un gentilhomme de Marseille nommé S..* (ms 32845, copie de M. le Vte de Laugardière).

Robert Hodeau, avocat en Parlement, auteur du ms 1019 et père de Robert Hodeau du Tronçay, auteur du ms 1020;

3° CATHERINE, baptisée à Vierzon, le 26 février 1613;

4° CLAUDE, né le 6 juin 1614, s[r] de Beauchène, épousa, suivant contrat du 17 juillet 1644, *Marie Rousseau* (1) et eut cinq enfants: *Étienne* 1645, *François* 1648, *Anne* 1649, *Anne-Marie* 1650, *Avoye* 1653, religieuse de Sainte-Ursule de Bourges dite de Saint-Augustin qui, par testament du 9 avril 1671, légua tous ses biens à sa sœur *Marie,* femme de Jehan-Claude Gougnon;

5° PHILIPPE, né le 3 janvier 1616, mort jeune;

6° CHARLOTTE, née le dernier mars 1622, morte religieuse à Glatigny;

7° JEHANNE, née le 22 février 1627, épousa, suivant contrat du 7 janvier 1645, noble Gabriel (ou Esme) *Crublier,* s[r] de Casson;

8° PIERRE, né le 12 juin 1631, tué au siège de Pavie, en août 1655 étant lieutenant au régiment de Touraine dont était mestre de camp Mr de Champ-Bellay (ms 32845).

VII

(32) ÉTIENNE BOURDALOUE, né le 6 juin 1609, conseiller du roi au siège présidial de Bourges, épousa le 28 juillet 1631 Anne LELARGE; ils moururent, lui, âgé de 63 ans, le 28 octobre 1669 et elle, à 89 ans, le 22 mai 1700, laissant trois enfants:

1° LOUIS, célèbre Jésuite, né le 29 août 1632, prit l'habit à Paris et mourut le 13 mai 1704;

2° ANNE-MARIE, née le 3 janvier 1634, épousa le 25 août 1653 *Henri Chamillard,* s[r] de la Villatte de la ville de Paris;

3° ROBERT, né le 10 juillet 1637, mort en bas âge.

(1) Le s[r] de Beauchène est décédé, le 2 mai 1656 et sa femme Marie Rousseau, le 16 novembre 1690, cette dernière a été ensevelie en l'église du Fourchault.

BRANCHE DE MEHUN

III

(51) RAYMON BOURDALOUE LE JEUNE,

dit RÉMONNET

fils de PIERRE, petit-fils de MACÉ.

On lit dans le ms 32.845 :

> *Remonnet Bourdaloue espouza Jehanne Baucheton de Bourges et eut Guillaume et Marie ;*
> *Guillaume espouza Marguerite Brouard de Vierzon, Marie espouza Jehan Rousseau.*

C'est rigoureusement exact ainsi que nous le verrons ci-après ; mais en 1900, il nous était impossible, d'après la copie Beauchêne, d'identifier Rémonnet avec le Simonnet de cette copie, car de plus le prénom de la femme était dénaturé ainsi que ceux des enfants.

Voici d'ailleurs le texte que nous avions sous les yeux :

> *Simonnet Bourdaloue espouza Suzanne Baucheton et eut Guillot, Antoine, Claude, Françoise, Suzanne et Catherine* (*Revue du Centre* 16 mars 1884, page 133).

La femme de Rémonnet, Jehanne Baucheton, veuve en premières noces de Jehan de Villemajour, avait eu de cette union une fille, Jehanne de Villemajour épouse de Claude Bélin, marchand à Bourges (1) et de son second mariage avec Raymon Bourdaloue, deux enfants :

1° *Guillaume* qui suit ;

2° *Marie*, mariée en 1543 ou 1547 à Jehan Rousseau, fils de Joseph Rousseau et de Jehanne Robinet, auteurs de la grande famille de ce nom (ms Béchereau).

(1) Jehanne de Villemajour avait épousé à Mehun, en premières noces, Antoine Bouguier et en secondes noces Claude Bélin.

Un acte reçu Depardieu, notaire à Bourges le 29 septembre 1560, acte qui nous a été révélé par une expédition servant de couverture à une liasse de minutes conservées en l'étude de Mᵉ Martinet, notaire à Mehun (Durand, 1680), nous indique, qu'à cette date, Jehanne Baucheton n'existait plus et qu'un accord venait de s'établir entre les enfants des deux lits relativement à leurs parts respectives dans la succession de leur mère ; il constate de plus la cession faite par Jehanne de Villemajour, femme de Claude Bélin, moyennant 2.700 livres, à Guillaume et Marie Bourdaloue ses frère et sœur utérins, de tout ce qu'elle a droit de prétendre dans ladite hérédité et de ce qu'elle peut revendiquer en la maison de Raymon Bourdaloue (mʳ G. de V., 55-101) ; cette maison située au carroir des Bans était celle probablement que Jehan de Villemajour avait acquise le 8 juillet 1509, devant Gabriel de Crosses, de Mᵉ Pierre Bonin moyennant une rente perpétuelle rachetée le 4 octobre 1542 par ledit Raymon, de Méry Bonin (1).

Cette nouvelle source d'information, absolument indépendante, fournit ainsi une preuve indiscutable du soin mis par Robert Hodeau dans le choix et la critique des documents dont il se servit pour la rédaction de son manuscrit.

Le 14 octobre 1544 (collèg. de Mehun, 57), Raymon Bourdaloue prit à bail perpétuel du chapitre de Mehun, moyennant 22 sols de rente annuelle, une maison dans cette ville au bourg Chevreau, rue allant des Bans *au portereau et aux vieils fossés :* cette rente dont l'exigibilité fut plus tard contestée par son fils, donna lieu à un très curieux procès dont on trouvera le détail au paragraphe suivant.

Le 13 avril 1553 (collégiale, 34), il était institué exécuteur testamentaire d'un de ses amis, Antoine Vassal, Mᵉ barbier et chirurgien, qui, aux termes de son acte de dernière volonté,

(1) Le plus ancien Bourdaloue de Mehun, connu jusqu'à ce jour, n'est pas Raymon mais *Jacquet Bourdaloue*, mort avant 1478, possesseur d'un verger à Mehun au bourg Chevreau, qu'il avait acquis de Antoine Cornon et loué à Léonard Bouguier (Collèg. de Mehun, liasse, 32-67).

Etait-il le frère ou un proche parent de notre Macé Bourdaloue ? nous l'ignorons, cependant il y a lieu de remarquer que le village de Bourdaloue qui paraît être le lieu d'origine de cette famille, est situé en la paroisse de Nançay à une distance à peu près égale de Vierzon et de Mehun.

veut qu'il lui soit payé 15 sols pour prix de clous qu'il lui a vendus (1).

IV

(51) GUILLAUME BOURDALOUE, fils de Raymon 1544-1553 (*Petit*), marchand à Mehung-sur-Evre au carroir des Bans 1573 (*Petit*), épousa en 1553, à Vierzon, une des filles de Martin Brouard et de Catherine Tribet, Marguerite, qui, en 1532, était sous la tutelle de Christophe Brouard, marchand (2).

Nous avons vu, à l'article précédent, que Raymon Bourdaloue, son père, avait acquis en 1544, moyennant 22 sols tournois de rente perpétuelle, du chapitre de Mehun, une maison rue de Bourgchevreau.

Le service de cette rente avait été suspendu en 1562 à la suite de la prise de Mehun par les calvinistes et Guillaume Bourdaloue, escomptant sans doute l'état de désorganisation dans lequel se trouva la ville à la suite des dévastations commises et espérant que le titre qu'on pourrait produire contre lui était anéanti, refusa net de faire droit aux légitimes revendications du chapitre qui, pensait-il, n'avait d'autre ressource que celle d'invoquer sa bonne foi.

Il connaissait d'ailleurs la supplique des vénérables adressée au roi à la suite d'une enquête judiciaire du 17 août 1568 et la

(1) Antoine Vassal avait servi de témoin le 8 mars 1518 (collégiale, 34) à un testament de Me Symon Corbin, prêtre, demeurant à Mehun.

(2) 13 novembre 1553. Comme ainsi soit que le jour de... juin 1532, Christophe Brouard, marchand à Vierzon, fut nommé par Justice, tuteur de Marguerite-Catherine Brouard, fille de feu Martin Brouard et de Catherine Tribet, icelle Catherine Tribet à présent femme de Antoine Thouzelet, marchand hostelier à l'hostellerie où pend pour enseigne l'image de Saint-Martin à Vierzon. Ladite Marguerite Brouard parvenue en âge, aurait été contracté mariage d'elle et de Guillaume Bourdaloue, fils de Resmond Bourdaloue, marchand à Mehun-sur-Yèvre ; par lequel mariage passé dernièrement par les notaires ci-après nommés, auraient lesdits Guillaume Bourdaloue et Marguerite Brouard, du vouloir et consentement de leurs parents et amis, délaissé à perpétuel au sr Thouzelet et Catherine Tribet sa femme, mère de ladite Marguerite, tous et chacun les héritages, biens, rentes et autres biens, qui à ladite Marguerite appartiennent venant de la succession de Martin Brouard son père et plus amplement décrits par lettres dudit contrat de mariage passées par lesdits notaires le... 1553, moyennant certaine grande somme de deniers (Petit, not. à Vierzon, 69).

réponse du monarque ; le chapitre avouait là que ses titres avaient été détruits :

27 février 1569, Charles, roi de France, au bailli du Berry ou ses lieutenants : le Chapitre de Mehun expose que, durant les troubles advenus en 1562, la ville de Mehun ayant été surprise par les gens de guerre tenant le parti de la religion prétendue réformée, fut, l'église dudit lieu pilliée, spoliée et dévastée ; les chartes, titres relatifs aux droits, cens, rentes, dîmes, terrages et autres revenus aux vénérables appartenant, lacérés et brulés sans qu'il en ait pu être sauvés, sinon un ancien terrier et quelques comptes rendus par leurs receveurs depuis 30 et 40 ans en ça (Collèg. 36), à ces causes permettons, etc. (1).

Il y avait bien deux arrêts du grand Conseil ordonnant la reconstitution des titres qui avaient été perdus pendant les guerres ; mais il fallait une preuve et le chapitre, en l'espèce, ne devait pas la posséder ; l'affaire se présentait donc pour lui sous le jour le plus favorable et le premier jugement rendu le 10 juin 1570 confirma ses prévisions ; le chapitre n'avait rien à lui opposer:

« 10 *juin* 1570 — *En la cause d'entre les Vénérables et Guillaume* » *Bourdaloue, ledit Guillaume dit qu'il est seigneur de l'héritage dont* » *est question à titre successif de ses père et mère, depuis le décès des-* » *quels il n'a payé aucune chose de la rente prétendue due par les* » *vénérables et ne sait que oncques auparavant il n'y ait été fait au-* » *cun payement* ».

(1) 1er avril 1568. *Enquête sur les faits de dévastation, faite par Charles Bernard, not. royal et praticien à Mehun et Louis du Sollier, greffier au baillage de Mehun, suivant la Commission à eux donnée par noble François Ragueau, sieur de Billeron, lieutenant général à Mehun* (collég. de Mehun, liasse III).

Cette enquête contient de nombreuses dépositions de témoins, nous en avons relevé dix, elles concordent toutes sur la destruction des titres du chapitre, il nous suffira d'en donner une :

Prud'homme Nicolas Janyn, maréchal au Chaussié, paroisse de Crécy, 40 *ans, dit avoir bonne connaissance que ès premiers troubles advenus au pays de Berry en* 1562 *et peu après que les gens de guerre furent entrés en la ville de Bourges, ladite ville de Mehun fut prise par ceux qui étaient audit Bourges et y fut mis en garnison un capitaine appelé sieur Martin le luthérien, et incontinent que ledit capitaine fut entré en ladite ville, lui, déposant, fut mandé par icelui capitaine et, y étant venu, vit que les souldartz rompaient par les rues plusieurs papiers qu'ils disaient être de la messe et firent deux feux esquels brulaient plusieurs papiers et disaient être papiers de la messe ; même y vit plusieurs cahiers et papiers en parchemin et quelques autres lettres : tellement que du feu, les rues en puaient ; vit aussi que lesdits souldartz se vêtirent de chappes, de courtebaux et autres ornements de gens d'église et criaient par les rues : voici la messe et rompaient tous les papiers qu'ils trouvaient en maisons des gens d'église.*

« Les Vénérables, de leur côté, prétendent *que l'héritage sur le-*
» *quel est assis la rente a été délaissé à Raymon Bourdaloue son père*
» *depuis 30 ans en ça et qu'ils ont toujours été payés par ledit Raymon*
» *jusqu'à son décès et par ce moyen demandent que le défendeur se*
» *purge par serment si il n'a pas le titre d'arrentement et les quittances*
» *de paiement que en a fait son père, mais le défendeur persiste en ce*
» *qu'il a ci-dessus dit et, d'autant que les demandeurs se vantent qu'il*
» *y a un arrentement, il requiert qu'ils ayent à en faire foi et eux*
» *purger par serment si ils n'ont pas ledit arrentement.* »

Tout allait donc pour le mieux, mais, en matière judiciaire, il faut toujours tenir compte de l'imprévu, or malheureusement pour notre plaideur, le fameux titre venait d'être retrouvé et présenté triomphalement par les vénérables à l'audience du 12 juillet 1570.

Il n'y avait plus qu'à s'incliner et à baisser pavillon.

Guillaume dut déclarer *qu'il ne savait que dire pour empêcher qu'il ne soit condamné à payer aux demandeurs la rente de 22 sols par eux demandée et accorde icelle payer tant et si longtemps qu'il sera seigneur et propriétaire de la dite maison.*

Un jugement fut en conséquence rendu dans ce sens, séance tenante, par Pierre Béchereau, ancien procureur exerçant l'office du bailliage pour M. le bailli ou son lieutenant à Mehun (collèg. de Mehun — Rentes — liasse 29-57) (1).

Le 2 décembre 1554 (Mr G. de V. 42-36) Raymon Bourdaloue comparut comme aïeul (par alliance) au mariage de Nicole Bouguier, fille de feu Antoine Bouguier, marchand à Mehun et de Jehanne de Villemajour sa veuve, à présent femme de Claude

(1) Il n'est pas sans intérêt, bien que nous sortions un peu de notre cadre, de donner ici le texte des lettres patentes délivrées à Metz par Charles IX roi de France le 27 février.... au sujet de la destruction des titres du chapitre de Mehun :
« Nous, etc., désirant subvenir à nos sujets selon l'exigence des cas, vous man-
» dons par ces présentes et à chacun de vous, que des procès mus ou à mouvoir
» pour raison des droits de cens, rentes, péages, dîmes, propriétés et possessions
» des maisons, jardins, prés, bois, terres, étangs, rivières et autres héritages appar-
» tenant à ladite église de Mehun, part ou portion d'iceulx, si il vous appert les
» lettres, titres et autres avoir été lacérés, brulés, durant les troubles advenus
» audit an 1562 et néanmoins que iceulx exposants justifient par un ancien terrier des
» titres comme aussi de la possession par les comptes, bien et dûment rendus par
» leurs receveurs depuis 30 ou 40 ans en ça, pour ce cas, sans qu'il soit besoin
» auxdits exposants de faire plus ample preuve, condamner les possesseurs et dé-
» tenteurs des héritages, droits et devoirs, à payer et continuer leurs redevances
» accoutumées et les arrérages qui en seront dus et à passer reconnaissance
» (Collégiale de Mehun, ravages par les protestants, liasse III, 39). »

Belin, bourgeois et marchand à Bourges, avec Pierre Bigot fils de feu Robert Bigot, contrôleur ordinaire des guerres et de Marie Bouer, le futur assisté de sa mère, de Jehan Bouer eslu en Berry son oncle, de Pierre Bigot, advocat au présidial, Estienne Bigot sieur des Fontaines ses cousins; la future de l'avis de son beau-père et de sa mère, de Hector Bouguier, son oncle et tuteur, de Me Nicole Bouguier, docteur régent en l'université, Raymon Bourdaloue son aïeul, Etienne Portebedian son beau-frère.

Le 14 juin 1573, Guillaume Bourdaloue demeurait à Mehun en une maison assise au carroir des bans et vendait à noble seigneur Claude d'Estampes une métairie sise paroisse d'Allouis au village de Chancenay; mais, quelques années après, en 1586, Marguerite Brouard était veuve et dictait à Me Michel, notaire à Bourges, son testament aux termes duquel elle lègue à François Bourdaloue, son fils, âgé de 13 à 14 ans, de préciput, des prés à Vignou, à Resmon Bourdaloue, son fils, avocat au présidial, de préciput et adventage, le revenu de tous ses biens pour une année seulement, à Catherine de Boisrouvray, femme dudit Resmon, la serge qu'il lui conviendra employer pour faire un manteau, à Catherine Bourdaloue sa fille, femme de Pierre Chenu, marchand à Mehun, sa bonne cotte de drap noir et le meilleur de ses manteaux de drap gris, deux nappes neuves et un linceul de lin, à Marguerite et Catherine Ragueau enfants de Nicolas et de Jehanne Bourdaloue sa fille, 40 écus d'or sol, soit à chacune 20 écus pour les aider à se marier. (Mr G. de V. 71-74.)

Six enfants :

1° *Jeanne* épousa N. Ragueau fils de Philebert, marchand à Bourges 1574, puis sergent royal, suivant c. d. m. reçu Béchereau, notaire à Mehun, le 15 novembre 1573 (Pellet, E. 4191).

2° RAYMOND, qui suit ;

3° ANTOINE, auteur de la branche de Préaux ;

4° CLAUDE, auteur de la branche secondaire de Bourges et de ses ramifications ;

5° Catherine épousa suivant c. d. m. reçu *Guillot*, notaire à Bourges, le 29 juillet 1584, *Pierre Chenu*, marchand tanneur à Mehun, fils de Robert et de Jeanne Coste ;

6° François épousa suivant c. d. m. reçu *Garsonnet*, notaire à Vierzon, le 25 janvier 1598, Madeleine de la Varenne v[e] de Claude Légier, fille de François et de défunte Jacquette Gaultier.

V

(55) RAYMOND BOURDALOUE, fils aîné de Guillaume et de Marguerite Brouard, avocat en Parlement, procureur du roi au siège de Mehun 1594, échevin de cette ville 1583, épousa suivant deux contrats de mariage reçus à Bourges, le premier par Jean Michel le 27 juin 1583 et le deuxième par Jean de la Cour le 13 février 1584, Catherine *de Boisrouvray*, fille de honorable homme Me Jean, lieutenant de robe longue en la maréchaussée et de feue Guymon Bigot (m[r] G. de V.).

Quatre enfants :

1° Claude, *capuchin* dit père Séraphin (ms 32.845) ;

2° Raymond, *capuchin* dit père Amadée (*ibid.*) ;

3° Antoine qui suit ;

4° Marguerite, mariée à Antoine Mutault, avocat.

VI

(56) Me ANTOINE BOURDALOUE, écuyer, s[r] de Gaudebert, conseiller et procureur du roi à Mehun 1634, épousa en premières noces Jeanne *Béchereau*, fille de Jean, procureur et de Charlotte de Crosses et en deuxièmes, le 22 novembre 1632, Hélène *Gougnon*, dame de la Mouline, fille de Jacques, écuyer, s[r] de la Mouline et de Genevièvre Bigot (1).

Il acquit le 14 novembre 1637, de Jacques Descayeux, la mé-

(1) Robert Hodeau attribue à Raymond Bourdaloue cinq enfants parmi lesquels Antoine l'aîné et Antoine le jeune. Il donne pour femme à ce dernier Jeanne Béchereau : il est possible qu'il ait existé deux Antoine, mais celui que nous citons a bien épousé en premières noces Jeanne Béchereau et en deuxièmes, Hélène Gougnon (voir le c. d. m. de Charlotte, fille du 1er lit, ci-après).

tairie de Gaudebert et le 15 décembre 1649, de noble René Rossignol, le lieu de Jarry.

Hélène Gougnon, veuve en 1652, mourut âgée de 72 ans et fut inhumée à Mehun le 20 août 1673, laissant quatre enfants de son union.

1er lit :

CHARLOTTE, fille de Antoine et de Jeanne Béchereau, épousa suivant contrat reçu *Poussard*, notaire à Mehun le 1er février 1651, Me Antoine Pascault, avocat en Parlement, bailli au comté et bailliage de Saint-Aignan, Me des requêtes ordinaires de la reine mère du roi ; elle vendit le 4 décembre 1652 à Hélène Gougnon veuve d'Antoine Bourdaloue, agissant tant pour elle que comme tutrice de Madeleine, Pierre Raymond et Antoine, *enfants du second lit*, tous les droits successifs lui appartenant dans la succession dudit Antoine Bourdaloue, son père, moyennant 3.500 livres. Elle était veuve en 1676 et demeurait à Saint-Aignan.

2e lit :

2° MADELEINE, née en 1633, décédée à 72 ans, célibataire, à Mehun dans le logis de Pierre Raymond, son frère, inhumée le 17 avril 1704 ;

3° GENEVIÈVE, bap. le 22 novembre 1634, épousa noble homme *Henry Bengy*, conseiller du roi, élu en Berry (d'après le chevalier Gougnon).

4° PIERRE-RAYMOND qui suit ;

5° Mre ANTOINE, licencié ès lois, sr de Jarry 1680, vicaire de la vicairie du roi 1661, prêtre chapelain en l'église Notre-Dame de Mehun, 1679 ; bénéficier en ladite église, 1690 ; titulaire de la vicairie de Saint-Michel, 3 janvier 1694, date à laquelle il dicte son testament, gisant sur son lit, malade, et institue son frère pour légataire universel à charge de payer 40 livres de pension à sa sœur Madeleine. Il mourut le 14 du même mois.

VII

(56) NOBLE PIERRE-RAYMOND BOURDALOUE, écuyer, conseiller et procureur du roi à Mehun, épousa en

l'église Saint-Médard de Bourges, le 12 janvier 1664, Marie *Béchereau,* fille de noble Nicolas et de Perpétue Vermeil ; ils furent inhumés dans le cimetière de Mehun, lui, âgé de 73 ans, le 25 septembre 1711 et elle le 12 janvier 1717.

Neuf enfants :

1° HÉLÈNE, née en 1664, épousa le 14 avril 1692, en l'église de Saint-Oustrillet de Bourges, *Me Vincent Vermeil,* avocat en Parlement, bailli de la justice de Bouy, fils de noble Charles, lieutenant particulier à Mehun et de Jeanne Poncet, inhumée le 16 novembre 1729, âgée de 65 ans ;

2° PERPÉTUE-URSULE, née vers 1666, épousa le 22 novembre 1698, en l'église de Saint-Jean-des-Champs de Bourges, *Me Edme Goutelle,* avocat en Parlement, fils de François, avocat et de Anne Pornin (Me Ragueau E. 4533), inhumée le 27 juin 1734.

3° ANTOINE, bap. à Mehun, le 9 octobre 1668, vicaire de la vicairie de Saint-Jean l'évangéliste 1663 ;

4° SIMON, bap. à Mehun, le 11 mars 1672, religieux cordelier, qualifié lors de l'inhumation de sa mère, vertueux religieux frère Simon Bourdaloue ;

5° CHARLES, bap. à Mehun, le 27 décembre 1673, qualifié en 1717, vertueux religieux P. Charles Bourdaloue, cordelier ;

6° JEAN-BAPTISTE, bap. à Mehun, le 14 avril 1675, inhumé le 16 juin 1686 ;

7° PIERRE-RAYMOND, qui suit ;

8° MARIE-ANNE, bap. à Mehun, le 2 mars 1681, assiste aux obsèques de ses père et mère ;

9° PERPÉTUE, bap. à Mehun, le 20 mars 1688, marraine de sa nièce Perpétue Goutelle, le 16 septembre 1701.

VIII

(57) NOBLE PIERRE-RAYMOND BOURDALOUE, licencié en lois en 1703, sr de Gaudebert 1718, bourgeois et échevin de Mehun 1722, receveur des biens patrimoniaux de la ville de Mehun, bap. à Mehun le 12 novembre 1679, épousa

en cette ville le 29 janvier 1714 Marie *Rossignol*, fille de feu Simon maître chirurgien à Mehun et de Anne Landas, inhumé à Mehun le 8 février 1743, en présence d'Ysaac et Hélène ses enfants.

Marie Rossignol mourut le 20 mars 1758, âgée de 75 ans.

Trois enfants :

1° René-Ysaac, qui suit ;

2° Hélène, bap. à Mehun, le 8 novembre 1710, épousa le 21 avril 1744, Mᵉ Jacques-Robert *Laurent*, fils de Robert Laurent, écuyer, maréchal des logis de feue madame la Dauphine et de défunte Marie de la Martinière ;

3° Marie-Perpétue, née à Mehun, le 3 août 1719.

IX

(57) RENÉ-YSAAC BOURDALOUE, née à Thinay, le 11 avril 1715, 1er accesseur du corps et communauté de Mehun, épousa le 27 février 1750 à l'âge de 34 ans, Madeleine *Pineau*, fille de feu François, procureur à Mehun et de Marguerite Prévost. La future était âgée de 47 ans, ce qui explique la stérilité de cette union.

Il mourut le 17 octobre 1779 ; sa femme, morte à l'âge de 80 ans, le 1er août 1781, fut enterrée en présence de Jeanne-Marguerite Fleurant, sa nièce, veuve d'Etienne de la Varenne, de Jean-René et Etienne de la Varenne, ses petits-neveux.

BRANCHE DE PRÉAUX

V

(52) ANTOINE BOURDALOUE, marchand à Mehun, épousa Marie Parthon, fille d'Etienne l'aîné, marchand hôtelier et de Guillemette Thouzelet.

Ils n'existaient plus en 1617 ainsi qu'il résulte d'une donation entre vifs faite le 15 mai 1617 (Tribard) par leur fils François Bourdaloue à son neveu Christophe Moret, et constatant que leurs biens avaient été partagés avant cette date.

Six enfants :

1° CHRISTOPHE, qui suit ;

2° ANTOINE, marchand tanneur à Mehun, praticien en 1633 (Belleuvre), fermier de la seigneurie de Laveau (*ibid.*), épousa suivant c. d. m. du 21 août 1618 (1) Jehanne Thouvenin, fille de Philippe, marchand fermier et de Catherine Brossart et laissa quatre enfants :

1° LOUISE épousa à Mehun : 1° le 1er juillet 1653 *Me Simon Serbellault* ; 2° le 6 janvier 1664 *Joseph Mutault*, procureur en la justice de Bomiers ; 3° le 28 août 1677, *Jehan Thébault*, marchand potier d'étain à Thinay ;

2° PHILIPPE, sr des Thureaux, praticien, épousa, le 4 août 1653 *Marie Rousseau* et mourut sans enfants ;

3° CATHERINE, épousa le 4 août 1653, *Jacques Millet*, apothicaire à Bourges ;

4° FRANÇOISE épousa le 1er juin 1656, *Jacques Blondeau*, marchand bourgeois, fils de Denis, procureur à Bourges et de Françoise Hodeau.

3° FRANÇOIS, écolier à Bourges 1617, vicaire à Mehun 1629, vend la même année le 13 mai, le lieu de Danzy paroisse d'Allouis et donne tous ses biens à son neveu Moret en 1617 ;

4° MARIE épousa *Nicolas Moret* et n'existait plus en 1627 ;

5° CATHERINE épousa *Pierre Béry*, receveur au siège de Graçay et mourut sans enfants ;

6° FRANÇOISE épousa : 1° *Pierre Bourdaloue*, fils de Pierre et de Madeleine d'Avesnes d'où Pierre, bap. à Vierzon le 4 septembre 1624, mort 1627 et Raymond, bap. le 2 avril 1626 ; 2° *Jehan Delys*, notaire à Vierzon.

VI

(53) CHRISTOPHE BOURDALOUE, sr de Préaux, marchand bourgeois à Mehun puis à Bourges, épousa, suivant

(1) Acte reçu Ragueau. — Nous devons la connaissance de cet acte et d'une foule d'autres à l'extrême complaisance de M. Girard de Villesaison qui a bien voulu nous laisser consulter les 87 cahiers contenant ses dépouillements des minutes de notaires déposées aux archives de Bourges, nous ne saurions trop l'en remercier.

acte du 13 novembre 1616 (Richer), Françoise *Blondeau*, fille de François, marchand tanneur à Vierzon et d'Isabelle Thaureau ; inhumé à Bourges, le 22 septembre 1649 (Riffé).

Cinq enfants d'après le ms. 32.845.

1° ANTOINE, marchand à Bourges, épousa Louise Béchereau, d'où Christophe, bap. à Bourges le 11 mars 1643 ;

2° SIMON, qui suit ;

3° GUILLAUME, mort jeune ;

4° MARIE, inhumée à Saint-Médard le 4 août 1648 ;

5° PIERRE, mort jeune.

VII

(54) NOBLE SIMON BOURDALOUE, s[r] de Préaux, avocat en Parlement, 1650, prévôt de Mehun et Saint-Laurent, 1654, l'un des 32 conseillers de la ville de Bourges nommés par Sa Majesté, épousa : 1° Marie *Béchereau*, fille de Me Jehan, procureur à Mehun et de Charlotte de Crosses et la perdit en 1647 ; 2° Louise *Turpin*, fille d'Esme, procureur d'office à Aubigny et de Marie Girard.

Le 3 novembre 1656 il rendit hommage à la grosse tour de Mehun de son lieu de Préaux comme héritier de Françoise Blondeau sa mère après avoir vendu le 8 avril 1656 (Garsonnet) à Jehan de la Varenne son office de juge garde des prévôtés royales de Mehun et Saint-Laurent, acquis par lui le 21 décembre 1652 (m[r] G. de V.).

Le 29 juin 1679 il fit entre ses enfants le partage anticipé de la plus grande partie de ses biens et de ceux de sa femme (Frédot) et mourut le 2 février 1686, âgé de 66 ans, inhumé à Mehun.

Six enfants ·

1er lit

1° JEHAN, qui suit ;

2° CHARLOTTE, religieuse à l'Hôtel-Dieu, de Bourges, dite de Sainte-Angélique (?) institue le 30 décembre 1664 Jehan Bourdaloue, son frère germain, pour légataire universel.

2e lit:

3° GILLES, né à Mehun le 6 novembre 1655, sr de Courboy, étudiant en l'université de Bourges 1673, officier au régiment de cavalerie légère de Tavannes, épousa Marie Perreau ; demeurait en 1683 à Bué-sous-Sancerre et vendait le 22 mars 1686 le lieu de la Tomelle à Brinon, d'où : Elisabeth, morte à Mehun, âgée de 36 ans, inhumée le 15 avril 1731 ;

4° ANDRÉ, bap. à Saint-Médard de Bourges le 30 mars 1657, sr de la Moulière, étudiant 1673, lieutenant de robe longue en la maréchaussée du Berry 1689, épousa à Bourges le 20 octobre 1682 Françoise Segry veuve de Pierre Gabard ; et mourut le 7 avril 1695 d'où : Simon, bap. à Saint-Médard de Bourges le 30 août 1683 ; Silvain, bap. à Saint-Médard le 21 février 1689 ; Marie-Anne, bap. à Saint-Médard le 16 octobre 1690 ; Catherine, à Saint-Médard, le 27 novembre 1692 ;

5° LOUISE, bap. à Saint-Médard, le 24 septembre 1658, épousa le 12 février 1680, noble *Jehan-François* Béchereau, sr du Verger, avocat en Parlement, fils de Nicolas et de Perpétue Vermeil, morte à Paris le 23 juillet 1700 (note Chérot).

6° FRANÇOISE, bap. à Saint-Médard, le 17 février 1667.

VIII

(55) NOBLE JEAN BOURDALOUE, **conseiller du roi, lieutenant général à Mehun, sr de Préaux et de la Chaussée,** épousa le 10 avril 1673, Perpétue *Béchereau* (c. d. m. Poussard du 12 janvier 1673), et le 12 juin 1693, Perrette Jaquier ; il avait racheté en 1686 les trois quarts du lieu de Préaux, de Gilles, André et Louise Bourdaloue ses frères et sœur moyennant 6.500 livres.

Inhumé à Mehun, le 12 septembre 1709.

Quinze enfants du 1er lit tous baptisés à Mehun :

1° MARIE, bap. le 9 décembre 1675, épousa à Mehun le 2 juin 1708 (c. d. m. Bonnet, 20 mai 1708) Me Nicolas Bonnet de Sarzay, veuf de Catherine Marchand et vendit le 23 décembre 1740 (Belleuvre) à Jean Bailly, le lieu et métairie de Préaux ;

2° RENÉ-LOUIS qui suit ;

3° ANNE, bap. le 16 janvier 1678 ;

4° SIMON, bap. le 12 avril 1679 ;

5° PERPÉTUE, bap. le 5 sept. 1680, inhumée le 5 fév. 1683 ;

6° MADELEINE, bap. le 9 janvier 1682 ;

7° CHARLES, bap. le 19 fév. 1683 ;

8° JEAN, bap. le 27 fév. 1684, s^r de la Chaussée, bourgeois de Saint-Amand, assiste le 24 novembre 1710 avec *Françoise Béquas* son épouse au mariage de son frère *René-Louis* et fait hommage en 1717 du moulin de Préaux ;

9° ANTOINE, bap. le 27 janvier 1685 ;

10° PERPÉTUE, bap. le 16 janvier 1686 ;

11° PERPÉTUE, bap. le 1er janvier 1687 ;

12° ANNE, bap. le 7 avril 1688 ;

13° JOSEPH, bap. le 9 avril 1689 ;

14° JEANNE, bap. le 22 mai 1690 ;

15° ETIENNE, bap. le 6 août 1691.

IX

(55) RENÉ-LOUIS BOURDALOUE, baptisé le 15 janvier 1677, s^r des Luquets et de Préaux dont il fait hommage 1710-1714-1719, épousa à Mehun le 24 novembre 1710 Anne *Vermeil*, fille de Nicolas, procureur du roi à Mehun et de Marie Charlemagne. Inhumé à Mehun le 7 janvier 1720 ; sa veuve se remaria le 6 septembre 1721 à Charles Vermeil, licencié ès lois fils de Vincent et de Hélène Bourdaloue et mourut le 31 août 1741.

Cinq enfants :

1° MARIE-ANNE, née à Barmont, bap. le 28 mars 1711 (*sic*), épousa le 17 janvier 1735 (c. d. m. Belleuvre du 16 janvier 1735) son cousin Me Léon Gontelle, avocat, fils de Esme et de Perpétue Bourdaloue, elle mourut le 14 mars 1757 et son mari, le 23 janvier 1784 ;

2° MARIE, dite de Préaux, bap. à Barmont le 25 avril 1712, épousa à Mehun le 28 mai 1743 Me Claude Levêque, avocat à

Nevers, fils de Pierre, avocat et de feue Madeleine Sallonyer (1) ;

3° René-Nicolas, bap. à Barmont le 23 avril 1714 ;

4° René-Etienne, bap. à Mehun le 18 décembre 1716 ;

5° Jean-François, bap. à Mehun le 22 décembre 1718 (2), curé de Reuilly 1767, fait hommage le 9 octobre 1733, avec Anne et Marie ses sœurs, du moulin de Préaux.

BRANCHES DE BOURGES

Sorties de celles de Mehun.

V

(52) CLAUDE BOURDALOUE, m^d tanneur à Mehun, fils de Guillaume et de Catherine Brouard, petit-fils de Rémonnet, arrière-petit-fils de Pierre le Jeune et de Marie Tripet, épousa, suivant contrat du 5 octobre 1585 (Tables Petit), Marie *Sarciault* issue d'une antique famille de Vierzon déjà connue sous Charles VII (Vierzon 179).

La mère de la future, Jeanne Rousseau (3), était, à la date du 22 janvier 1587, déjà veuve de Denis Sarciault, m^d boucher et léguait par testament à François Sarciault son fils « *la maison où elle demeure et en laquelle son mari est décédé* » entendant que ses gendres, Claude Gleneux, époux de Jeanne et Claude Bourdaloue, époux de Marie, conservassent à titre de préciput tout ce qu'ils avaient reçu en mariage, à charge par eux de donner à Marguerite Rousseau, sa nièce,

(1) Par acte du 23 août 1760, Claude Levêque avocat, et Marie Bourdaloue sa femme acquirent des chanoines de la cathédrale de Saint-Cyr, la fabrique de faïence dite de Bethléem sise à Nevers, rue de la Tartre. Cette fabrique fut revendue par Claude Levêque, le 22 janvier 1772, à Jean Jacques-Serizier maître manufacturier.

(2) Tous les actes de catholicité déjà cités et dont nous ferons mention pour la branche de Bourges, ont été relevés avec le plus grand soin et dans les plus petits détails par M. le Vicomte de Laugardière qui a bien voulu nous communiquer ses extraits avec son obligeance habituelle : malheureusement le peu de place dont nous disposons dans la Revue ne nous a permis d'utiliser qu'une partie des précieux documents recueillis par lui sur la famille Bourdaloue.

(3) Jeanne Rousseau, femme en 1res noces d'Etienne Blanchard fils de Guillaume et de Catherine de la Grée, était fille de Gamaliel Rousseau, seigneur de Moncorneau, bachelier puis licencié en lois, et cousine germaine de François Rousseau, procureur du roi et de Madame à Vierzon.

fille de François et de Jacquette Sarciault, 100 écus d'or payables après son mariage (Petit).

Lorsque M. le vte de Laugardière, qui n'avait pas encore pris connaissance à la bibliothèque nationale du ms 32.845 où la descendance certaine est déduite aux fos I, III, XVII, XIX et XLI, publia en 1903 sa curieuse plaquette sur les origines de Paul-Adrien Bourdaloue rendu célèbre par ses études de nivellement pour le canal de Suez, un doute existait dans son esprit, comme dans le nôtre, sur la possibilité de souder les branches de Mehun et de Bourges à la tige Vierzonnaise, il admettait volontiers que, selon toute vraisemblance, François Bourdaloue, dont il avait retrouvé l'acte de mariage dans les registres de catholicité de Vierzon et à partir duquel la filiation s'établit régulièrement jusqu'à nos jours, était bien, comme nous le présumions, fils du tanneur de Mehun, Claude, mais cet acte restait muet sur les père et mère de l'époux et il fallait une preuve indiscutable ; le hasard nous la mit entre les mains; en dépouillant les liasses judiciaires du bailliage de Vierzon, nous trouvâmes une partie de l'expédition du contrat notarié cherché inutilement et réglant les conditions civiles de ce mariage. Le parchemin, sur lequel ladite expédition est écrite, se trouve dans la liasse 2.797, année 1704, et a dû lui servir d'enveloppe.

Après cette découverte qui corroborait les données du ms 32.845 et qui fournissait ainsi une nouvelle preuve du soin mis par Robert Hodeau à ses travaux généalogiques, le doute n'était plus possible : le célèbre ingénieur remontait bien à l'auteur commun de toutes les branches de la famille Bourdaloue, à Macé contemporain de Jeanne d'Arc (1), mais, comme le fait judicieusement observer M. de Laugardière, Paul-Adrien Bourdaloue était loin d'être un parent aussi proche qu'il se

(1) Cette branche de Bourges affaiblie outre mesure par les nombreuses naissances qui se produisirent à chaque génération et par l'émiettement anormal de son patrimoine, parvint néanmoins à se relever au XIXe siècle et à prendre le rang auquel elle pouvait légitimement prétendre, car elle produisit pendant ce siècle, outre l'ingénieur Bourdaloue qui en est le point culminant, un conseiller à la Cour d'appel de Bourges, un receveur des domaines attaché à l'un des bureaux les plus importants de Paris, un docteur en médecine, un receveur principal des postes et par les femmes deux savants archivistes de l'Indre.

l'imaginait du grand orateur chrétien; *à une vingtaine de degrés de distance peut-on se dire vraiment parents* (1)!

ENFANTS DE CLAUDE BOURDALOUE ET DE MARIE SARCIAULT.

1° *Claude*, prêtre curé de St-Laurent, 1627;

2° *Raymond*, m[d] tanneur à Mehun, 1627-1644, épousa: 1° Gabrielle Béchereau, fille de Jean, notaire à Mehun, d'où Marie, femme de Jean Cuisset; 2° le 30 janvier 1633, Lucquette Drouet, veuve de Pierre Taconnat, d'où Julienne, femme de Claude Lhomme, m[d] boucher à Mehun, mariée suivant c. d. m. du 21 février 1667;

3° *François* qui suit;

4° *Guillaume* (ms 32.845);

5° *Jeanne* l'aînée femme de Raymond Béchereau (2).

6° *Marie* femme de Antoine de Lard, m[d] à Reuilly, d'où Pierre, avocat à Bourges;

7° *Jeanne* femme de Jean Bauldon, morte sans enfants (Belleuvre);

8° *Louise* (ms 32.845);

9° *Catherine* (ibid.).

VI

( ) FRANÇOIS BOURDALOUE, m[d] boucher, qualifié sire François Bourdaloue dans le contrat de mariage de sa fille Jeanne, épousa en l'église de Vierzon le 15 novembre 1627 (v[te] de Laugardière), Catherine Patriot ou Patriau; son contrat de mariage reçu Richer notaire à Vierzon n'existe plus dans les minutes de ce notaire, mais, ainsi que nous venons de le dire, une partie de l'expédition de cet acte a été retrouvée

(1) *Vte de Laugardière, page 15.* — *Semaine religieuse du 1er juillet* 1868: M. Adrien Bourdaloue, *arrière-neveu* du grand Bourdaloue, ancien adjoint au maire de Bourges, officier de la légion d'honneur, chevalier de l'ordre de St-Maurice, auteur du nivellement général de la France, est mort à Bourges dans un âge avancé le 23 juin 1868. — *Journal du Cher de* 1868 cité par M. de Laugardière: M. Bourdaloue était un *descendant* (!) du grand Bourdaloue, l'orateur chrétien.

(2) En marge du ms 32.845 on lit: Béchereau d'azur à une teste d'hôme sur une butte ou rocher surmonté de deux estoines (sic) d'argent.

D'Hozier dans son armorial général ne blasonne pas ainsi (*Antiquaires du centre*, 1883, n°s 38-387.

dans la liasse 2.797 du bailliage de Vierzon. Nous croyons devoir, en raison de son importance, donner un extrait de cette pièce :

« Personnellement establis François Bourdalloue, m[d] boucher » demeurant en la ville de Mehun, fils de défunt prudent homme » Claude Bourdalloue, vivant m[d] tanneur en ladite ville et d'hon» neste femme Marie Sarciault;

» Et honneste fille Catherine Patriau, fille de défunt Guillaume » Patriau et de Marie Henry, sous l'autorité de Jacques Henry » son tuteur, lesquels, etc.

» Le futur de l'avis de M. Claude Bourdalloue, prêtre curé de » la cure de St-Laurent-sur-Barangeon, Raymond Bourdalloue, » m[d] tanneur de la ville de Mehun, ses frères, Jeanne Bourdalloue, » f[me] de M[e] Raymond Béchereau, procureur au siège de Mehun, » sa sœur, prudent homme Antoine de Lard, m[d] à Reuilly, son » beau-frère à cause de Marie Bourdalloue sa femme, honorable » homme M[e] Raymond Bourdalloue, procureur du roi au siège » royal et ressort de Mehun, son oncle, François Bourdalloue » m[d] demeurant en cette ville de Mehun, son oncle, Claude et » Denis Gléneux, m[ds] à Vierzon et Reuilly, ses cousins germains, » etc. »

Le 23 avril 1663 (Poussard) il vend avec Claude et François Bourdaloue, ses enfants, pour 400 livres, une grange à Vierzon avec six boisselées d'ouches en dépendant joutant le chemin de la porte au bœuf à la fontaine couverte, d'autre les buttes. Il mourut entre 1667 et 1669 (Belleuvre).

Huit enfants :

1° *Claude*, m[d] boucher, né vers 1628, épousa en 1res noces le 28 novembre 1657 Marie Pajot dont il eut Catherine, morte sans alliance, et Perpétue, bap. à Mehun le 26 avril 1660, morte jeune et en 2es noces, le 23 août 1663, Perpette Deszelus, veuve de Denis Jouffin, assisté de François, son père, François, Jean, Marie et Jeanne Bourdaloue, ses frères et sœurs ; de ce second mariage sont issues : 1° Jeanne, 2° Marie qui le 5 février 1691 (Martinet) épousa Jean Grandfond, m[d] boucher à Bourges et le 24 avril 1713 à St-Ambroise de Bourges, Jacques Lesueur, m[d] cirier ;

2° *Marie*, f^me^ de Benoist Taconnat dont elle était veuve en 1691 ;

3° *Silvine* épousa le 1er février 1677, Raymond Bourdaloue ;

4° *François*, m^d^ boucher, échevin à Mehun 1676 (Fredot), né vers 1635, inhumé à Mehun le 3 février 1697, épousa suivant contrat du 12 février 1667 (Poussard), Marie Coulon, veuve de Jean Neuville assisté de son père, de Claude, Silvine, Jeanne, Jean, Charles, ses frères et sœurs, Julienne Bourdaloue sa cousine germaine, noble Pierre-Raymond Bourdaloue, procureur du roi à Mehun, son cousin, d'où nombreuse postérité (1) ;

5° *Jean*, m^d^ parcheminier à Issoudun, époux de Madeleine Piécourt, d'où un fils, François, né en 1675 ;

6° *Jeanne* épousa le 2 janvier 1669 (Belleuvre) Jacques David, boucher à Bourges, assistée de Claude, François et Pierre Bourdaloue ses frères, Silvine et Charlotte Bourdaloue ses sœurs, Jeanne Bourdaloue v^e^ de Jean Bauldon, sa tante.

7° *Charlotte*, femme de Jean Coulon, mariée avant 1677, n'existait plus en 1691 et laissait dans sa succession une maison à Vierzon, rue des Ponts (Frédot) ;

8° PIERRE qui suit.

VII

(57) PIERRE BOURDALOUE, m^d^ 1670, m^d^ parcheminier à Mehun 1675-1682, épousa avant 1668 Anne Charlema-

(1) M. le v^te^ de Laugardière n'a pas cru devoir donner, dans son étude de 1903, les ramifications de la très nombreuse postérité de François Bourdaloue quoi qu'il en eut dressé, à cette date, une généalogie très complète mise, en manuscrit, à notre disposition ; pour ne pas abuser de l'hospitalité de la *Revue du Berry*, nous imiterons sa réserve en nous bornant à dire, comme lui, que Charles-Rodolphe Bourdaloue, instituteur à la Chapelle-St-Ursin, membre associé de la Société historique du Cher, officier d'académie, époux de Colombe-Anne Bastard à laquelle il s'est uni à Mehun le 22 octobre 1885, descend de François au septième degré.
M. le v^te^ de Laugardière a réuni, sur les branches secondaires de la famille Bourdaloue, de nombreuses notes et tout nous fait espérer qu'il ne laissera pas inédit le fruit de si minutieuses et si longues recherches ; il existe encore à Mehun d'assez nombreux représentants directs de Macé et, malgré leurs positions modestes, il serait très intéressant de connaître leurs noms et leur filiation.

gne, fille de prudent homme Charles, m[d] et de dame Philippe Coulon, comparaît au c. d. m. de Jean Charlemagne, son beau-frère, le 22 février 1677 (Belleuvre), afferme le 11 décembre 1682 (Frédot), moyennant 6 livres, 24 boisselées de terre joutant celles de François et Jean Bourdaloue ses frères, assiste le 15 mars 1683 à l'inhumation de Marie Coulon sa belle-sœur, perd sa femme le 13 mai 1680 et meurt lui-même, à 43 ans, le 3 décembre 1686.

Trois enfants :

1° *Jeanne* épousa en l'église de St-Pierre-le-Marché de Bourges le 22 novembre 1694, Silvain Jouffain, m[d] boucher à Mehun, devenue veuve le 10 septembre 1717, elle fut inhumée à Mehun le 3 novembre 1742, âgée de 71 ans ;

2° JEAN qui suit ;

3° *Catherine,* bap. le 6 décembre 1676.

VIII

(58) JEAN BOURDALOUE, bap. à Mehun le 15 mars 1672, apprenti charpentier 1688 (Frédot), m[d] parcheminier, et enfin bedeau de l'université de Bourges, épousa à St-Pierre-le-Marché de Bourges, le 3 novembre 1693, Solange Tassin, fille de Nicolas et de Jeanne Sigonneau.

Ils moururent, lui le 17 août 1731 et elle, âgée de 80 ans, le 30 octobre 1752.

Dix-sept enfants tous bap. à St-Pierre-le-Marché :

1° Nicolas l'aîné, bap. le 2 avril 1695, m[d] parcheminier, eut de son mariage avec Jeanne Mouton en 1722 un fils Charles, mort sans alliance en 1755, et quatre filles ;

2° *Jean-Baptiste,* bap. le 12 juillet 1696 ;

3° *Marie,* bap. le 24 juillet 1697, épousa le 13 novembre 1728 Etienne Alleaume, m[d] de chevaux, décédée veuve le 27 décembre 1781 ;

4° *Louis* l'aîné, bap. le 4 août 1688, m[d] parcheminier, épousa : 1° le 13 juillet 1716 à Mehun Reine Augier, dont il eut un fils et deux filles ; 2° Louise Leson qui lui donna douze enfants ;

5° *Pierre*, bap. le 22 novembre 1699, mort 1705 ;
6° *Marie*, bap. le 9 août 1701 ;
7° *Marguerite*, bap. le 17 septembre 1702, morte 1707 ;
8° *Renée*, bap. le 21 novembre 1703, morte 1705 ;
9° JEAN, bap. le 11 janvier 1705, qui suit ;
10° *François*, bap. le 27 mai 1706, époux de Marie-Anne Raby, veuve de Léon Bourgeois, demeurant à Bourges, faubourg St-Privé, vivait 1771 (mr Pierre) ;
11° *Pierre*, bap. le 28 novembre 1707, décédé 1710 ;
12° *Nicolas* le jeune, md bonnetier à Bourges, bap. le 26 décembre 1708, inhumé à Bourges le 19 mai 1766, épousa suivant contrat reçu Morat le 26 août 1740, Madeleine Merceret, fille de feu Gaspard et de Madeleine Theurier (1) ;
13° *Jean*, bap. le 19 janvier 1710, décédé 1718 ;
14° *Louise*, bap. le 28 janvier 1711, décédée 1712 ;
15° *Solange*, bap. le 8 janvier 1712, mariée le 28 janvier 1738 à Jean Vétois, md et huissier des tailles ;
16° *Nicolas*, bap. le 14 février 1713, mort 1713 ;
17° *Louis* le jeune, bap. le 25 mai 1714, huissier des tailles 1750, md 1775.

IX

(58) JEAN BOURDALOUE, md parcheminier à Bourges, épousa Jeanne *Lemoinne* et mourut âgé de 68 ans, le 21 novembre 1773.

Neuf enfants bap. à Saint-Pierre-le-Guillard de Bourges :
1° *Solange*, bap. le 15 octobre 1730 ;
2° *Nicolas*, bap. le 25 septembre 1731 ;
3° *François*, bap. le 2 novembre 1732, mort le 24 juin 1733 ;

(1) Nicolas eut six enfants ; l'un d'eux, *Louis*, épousa Elisabeth Brunet et eut neuf enfants parmi lesquels *Louis*, né en 1784, coutelier à Bourges, marié le 18 septembre 1809 à Marguerite Larue, mort le 28 avril 1832 laissant quatre filles dont l'une, *Catherine*, née le 18 février 1811, épousa Jean-Baptiste Hubert, mercier, le 28 janvier 1833 et fut la mère et la grand'mère de MM. Théodore et Eugène *Hubert*, élèves de l'Ecole des Chartes et successivement archivistes de l'Indre.

4° NICOLAS, bap. le 20 mai 1734 qui suit ;
5° *Solange*, bap. le 26 octobre 1735, morte le 12 mai 1738 ;
6° *Jeanne*, bap. le 20 octobre 1736, mariée le 5 mai 1772 avec Jean Michelet, aubergiste puis huilier, morte étant veuve 2 décembre 1808 ;
7° *Benjamen*, né le 5 janvier 1738, mort 2 décembre 1738.
8° *Marie*, bap. le 20 mars 1739, mariée le 2 juillet 1771 avec Silvain Lenoir, maître bourrelier ;
9° *Etienne*, bap. le 21 janvier 1742.

X

(59) NICOLAS BOURDALOUE, m[d] tanneur et corroyeur à Bourges, épousa : 1° à Vierzon, le 31 août 1762, Marie-Catherine *Rossignol*, qui mourut sans enfants ; 2° à Issoudun, le 25 février 1764, Marie *Paulier*, fille de Joseph Paulier, m[d] tanneur.

Onze enfants bap. à Saint-Pierre-le-Guillard :
1° *Jeanne*, née le 7 avril 1765, morte 12 septembre 1767 ;
2° *Joseph-François*, bap. le 20 janvier 1767, mort 25 janvier 1769 ;
3° JEAN-JOSEPH, bap. le 1er mars 1768, qui suit ;
4° *Marie*, bap. le 14 mai 1769, morte 17 sept. 1773 ;
5° *Louis*, bap. le 22 octobre 1770 ;
6° *Françoise*, bap. le 15 nov. 1771, mariée à Bourges, le 25 ventôse an VI (5 mars 1798), avec Claude-François Lajoie, officier de santé, morte 17 mars 1846 ;
7° *Jeanne*, bap. le 9 mai 1773, mariée à Bourges, le 17 frimaire an IV (8 déc. 1795), avec Jean Lenoir, bourrelier, volontaire au 13me régiment de chasseurs en garnison à Valenciennes, décédée étant veuve le 7 nov. 1851 ;
8° *François* } jumeaux, bap. le 30 janvier 1775, le garçon
9° *Solange* } mort le 25 août suivant ;
10° *Catherine*, bap. le 11 janvier 1776 ;

11° *Pierre*, bap. le 19 août 1770, dit Pierre-Joseph, épousa à Bourges le 22 fév. 1808, Geneviève-Juliette Duluquy. Ils moururent dans cette ville, lui le 8 avril 1853, elle le 29 nov. 1864 (1).

XI

(59) JEAN-JOSEPH BOURDALOUE, professeur à Bourges, en 1791, principal du collège de Châteauroux, professeur à l'École centrale du département du Cher, le 8 fructidor an VIII (26 août 1800), professeur de langue latine au collège de Bourges et d'histoire naturelle à l'Ecole centrale du département, fondateur en l'an XII d'un établissement particulier d'instruction, rue d'Auron, 85, épousa à Bourges, le 7 frimaire an II (27 nov. 1793), Marie-Catherine *Boutin*, fille de Jean, secrétaire greffier au tribunal criminel, puis receveur de l'Enregistrement.

On était en pleine période révolutionnaire lorsqu'il reçut de Vierzon, le 7 octobre 1793, du citoyen *Labouvrie*, représentant, dans le département du Cher, du moine défroqué *Laplanche*, quelques conseils qu'il n'est pas sans intérêt de citer (2) :

(1) Pierre eut de son union : 1° *Catherine-Euphrasie*, née le 10 décembre 1808, morte 30 juillet 1809 ; 2° *Frédéric-François*, né le 20 mai 1810 ; 3° *Geneviève-Elise*, née le 27 juin 1812, mariée le 7 janvier 1834, avec Fulgent-Michel-Frédéric Mesneau, nommé, 3 ans après, commis greffier de la Cour de Bourges, décédée le 28 décembre 1862 ; 4° *Claude-Auguste*, né le 23 mars 1818. — *Frédéric-François*, l'un de ces quatre enfants, avoué à Saint-Amand-Montrond, puis conseiller de Préfecture du Cher en 1882, enfin conseiller à la Cour d'appel de Bourges en 1871, épousa le 11 septembre 1837, à Germigny-l'Exempt (Cher), Marie-Anne-Sophie Massé et mourut dans le vestiaire du Palais de Justice le 3 nov. 1875, jour de la rentrée, foudroyé par une attaque d'apoplexie ; sa veuve est décédée à Bourges le 25 avril 1879 ; de leur union : 1° un fils, mort-né déclaré à Bourges le 27 juin 1838 ; 2° Marie-Gustave-Joseph, né à Saint-Amand le 17 avril 1840, épousa à Orléans le 4 avril 1867, Marie-Aurélie Marcuéyz, dont il n'eut pas d'enfants ; 3° Marie-Julie-Geneviève-Camille, née à Saint-Amand, le 5 février 1844, épousa à Nevers, le 29 avril 1863, Michel-Jean-Simon Dubois de Belair, alors avocat, mort conseiller à la Cour d'appel de Bourges (Vte de Laugardière).

(2) Goyre, dit Laplanche, représentant du peuple envoyé en mission dans le Cher, était un ancien bénédictin de la Nièvre ; pour lui, pour le citoyen Labouvrie faire guillotiner des royalistes et décapiter des clochers, c'était œuvre patriotique.

L'histoire populaire de la France, IV, 142, contient une lettre adressée aux Jacobins par cet ancien moine, c'est un effrayant mélange de patriotisme et de férocité. (Tausserat, *Vierzon et ses environs*, 507.)

Quand on est bon patriote, on n'est pas zélé pour les mômeries, on peut pleurer quand il arrive des malheurs à son pays mais non pas quand on casse des cloches.

Le délégué des représentants du peuple est satisfait de votre activité dans l'exercice de vos fonctions, étudiez-vous seulement à faire aimer la Révolution par votre douceur ; évitez, par des manières bruyantes et emportées, de faire dire au peuple qu'il n'a fait que changer de maitre (*arch. du Cher*, période révolutionnaire).

Six enfants :

1° *Catherine-Emilie*, décédée à Bourges le 14 juin 1858, âgée de 62 ans ;

2° *Marie-Eléonore*, née le 13 brumaire an V (3 nov. 1796) épousa à Bourges le 11 octobre 1824, Ferdinand Arnaud, négociant, né et demeurant à Nantes ;

3° *Paul-Adrien*, né le 15 nivôse an VI (4 janv. 1798), officier de la Légion d'honneur, commandeur de l'ordre de Saint-Maurice et Lazare d'Italie, chevalier de l'ordre du lion Néerlandais, ancien adjoint au maire de Bourges, membre du Conseil municipal, épousa le 6 mai 1822 à Bourges Marguerite-Elisabeth Martin, fille de l'entrepreneur des chauffages et convois militaires ; d'abord simple aspirant conducteur aux ponts et chaussées, il abandonna cette carrière pour l'industrie privée, fut nommé ingénieur-résident des chemins de fer du Gard, puis directeur de la brigade chargée en 1847 des études de nivellement de l'isthme de Suez, enfin directeur des travaux de nivellement général de France.

Il mourut à Bourges le 21 juin 1868 ; la presse locale lui consacra des articles nécrologiques pleins d'éloges, mais elle eut grand tort d'en faire un petit neveu (!) de l'illustre orateur. Le défunt d'ailleurs croyait si fortement à cette légende qu'il était arrivé à convaincre le public de sa parenté imaginaire (1).

(1) On lit *dans le droit commun* du samedi 15 avril 1848 : M. Bourdaloue, de retour d'Egypte où il a terminé les études relatives à la canalisation de l'isthme de Suez, vient d'enrichir notre musée de différentes curiosités Egyptiennes d'un grand intérêt. Quatre vases en marbre blanc dont les couvercles représentent des têtes

4° *Françoise-Adrienne,* née le 7 ventôse an VII (25 fév. 1799), décédée sans alliance à Bourges, le 26 avril 1876;

5° *Paul-Joseph,* né le 13 prairial an VIII (2 juin 1800), qui suit ;

6° *François-Jules,* né le 14 novembre 1814, clerc de la chapelle de Charles X, receveur de l'Enregistrement à Seignelay (Yonne), à Vitry-le-François (Marne), à Saint-Amand (Cher) et à Paris où il fut mis à la retraite, — épousa à Courson (Yonne), le 12 janvier 1842, Victorine-Antoinette-Léopoldine Regnauldin, fille de François, notaire, et mourut à Châtenay où il était maire, le 1897 (1).

XII

PAUL-JOSEPH BOURDALOUE, horloger à Bourges, épousa le 3 juin 1826, Marie-Anne *Cissoigne,* née à Bourges

symboliques et qui renferment des momies, deux pieds de momies parfaitement conservés de forme et de dorure, plusieurs scarabées sacrés dont deux sont remarquables par leur grosseur et leurs inscriptions, plusieurs chats symboliques en bois et en bronze, plusieurs médailles antiques.

Objets modernes provenant de Sennaar : boucliers en peau d'éléphant, casse-tête en bois de fer, flèches, javelots, tunique virginale, serrure en bois, cadenas en fer, rasoir, couteau de jardinier, écritoire d'écrivain public, c'est également de lui que vient un beau dyptique bysantin en ivoire sculpté représentant des jeux olympiques ainsi qu'un vase cinéraire accompagné de ses accessoires trouvé dans le département du Gard.

(1) François-Jules Bourdaloue eut de son mariage trois filles :

1° *Camille-Berthe* épousa le 23 août 1860 à Paris en l'Eglise de Saint-Paul et Saint-Louis, hors de la paroisse des conjoints, en vertu d'une délégation et à la suite d'une autorisation sollicitée évidemment dans un but de réclame, Emile Dissard, percepteur à Paris, fils de feu Etienne et de Julienne Monssaingeon ; c'est en effet dans cette église que repose depuis 1704 le corps du célèbre Jésuite, et l'ingénieur Bourdaloue, qui assistait au mariage, profita de cette occasion qui n'avait rien de fortuit, pour faire mettre là une plaque commémorative à l'inscription énigmatique (Vte de Laugardière). Camille-Berthe mourut à Tourcoing le 21 janvier 1897 laissant deux fils : 1° Jules, procureur de la République à Avesnes ; 2° Henri, négociant à Montevideo ;

2° *Jenny* épousa Alfred Droineau, percepteur à Nogent-le-Rotrou, où il mourut en 1877, laissant trois fils : Georges, Charles et Paul plus deux filles Pauline et Marie qui n'existent plus ;

3° *Jeanne-Ambroisine,* née à Saint-Amand, le 23 août 1853, épousa Emile Muzard, libraire à Paris et mourut en 1889, son mari décéda lui-même en 1871, d'où deux enfants : Adrien et Louise.

le 22 décembre 1806, fille de Michel Cissoigne, m[d] épicier et de Marguerite Regnaud ; cette dame survécut à son mari contre lequel elle avait formé le 2 décembre 1836 une demande en séparation de biens (*Gazette de Berri*, 7 décembre 1836) et eut de son union :

1° *Thérèse*, née le 17 avril 1827, morte 11 février 1833 ;

2° *Marie-Clémentine*, née le 9 septembre 1828, morte 6 mars 1829 ;

3° *Eugène-Armand*, né le 26 avril 1830, qui suit.

XIII

EUGÈNE-ARMAND BOURDALOUE, receveur des Postes et Télégraphes à Châteauroux, épousa le 2 juin 1868 Marie Thomas-Boisclair et mourut dans sa propriété de la Jacquetterie, commune de Chitray (Indre), le 20 octobre 1899, ne laissant qu'une fille, Jeanne Bourdaloue, née le 28 février 1869, mariée le 11 avril 1888 à Châteauroux, avec Joseph Creusot, fils de Félix, directeur de l'Enregistrement en cette ville et d'Agathe Tarin.

APPENDICE

Notre but principal, en écrivant cette étude, était d'établir d'une manière indiscutable les liens qui rattachent à la tige Vierzonnaise les branches de Mehun et celles secondaires de Bourges ; aussi, afin d'éviter des redites inutiles, avons-nous laissé en dehors les rameaux de la Noue, de la Poulleterie, du Breuil, du Jeu-de-Paume et d'Issoudun pour lesquels des chapitres particuliers ont été ouverts dans notre généalogie de 1900 aux pages 34, 39, 42, 46 et 49.

Cependant, alors que les premières feuilles de notre article étaient déjà sous presse, quelques nouvelles découvertes intéressant des degrés antérieurs au XVIIe siècle, ont été faites et permettent d'indiquer d'une manière plus précise les qualités de certains descendants de Macé Bourdaloue :

1° Branche de Vierzon, art. III.

Guillaume Bourdaloue (1), marchand à Vierzon qui épousa en premières noces *Anne du Sollier* déjà morte en 1540, reprit une seconde alliance, jusqu'alors peu connue et regardée comme douteuse, avec *Jehanne Morat*, veuve de Pierre Tixier, teinturier, ainsi que nous le fait savoir le testament de Madeleine Jauldon, veuve de Raollet Bouesset, chevaucheur d'écurie du Roi en date du 17 octobre 1554 :

> *rente de dix sols à prendre sur une maison à Vierzon faubourg de la porte de la rivière qui fut à Pierre Tixier taincturier et appartenant de présent à la femme de Guillaume Bourdaloue auparavant femme du d. Tixier.* (Ste Chapelle. Fabrique de Vierzon 219-3.)

Une vente reçue Petit not. à Vierzon le 7 juillet 1566 fait connaître les noms de la veuve Tixier déjà morte à cette date (E. 5589).

Claude Bourdaloue l'aîné, l'un des enfants de Guillaume, épousa Etiennette Tixier, belle-fille de son père probablement, car son frère Claude le jeune se fit teinturier comme l'avait été le dit Tixier.

2° Branche de Mehun, art. III.

Raymond Bourdaloue, chef de cette branche fit, le 3 août 1542, une

(1) La *Revue du Berry* a parlé longuement déjà de Guillaume Bourdaloue dans sa livraison du 15 février 1884.

donation entre vifs au profit de Guillaume son fils alors *étudiant en l'Université de Bourges* (Mr G. d. V.) et le 13 juin 1559 se rendit acquéreur de trois septerées de terres à Quincy faisant partie de trois mouhées 1/2 d'immeubles arrentés le 4 février 1485 par les vénérables de la Ste Chapelle, moyennant six septiers de rente foncière et emphytéotique, quatre rez d'avoine et quatre deniers de cens : sur les quelles terres les bâtiments de la métairie de l'Escluzeau ont été *depuis* construits ; plus tard, Jean Rousseau, comme père et tuteur de ses enfants et de *défunte* Marie Bourdaloue, fut condamné par sentence du bailliage de Mehun du 23 septembre 1573 à servir la portion de rente mise à la charge du Sr Raymond, père de ladite dame, par l'acte ci-dessus de 1559 — (*Arch. du Cher,* Ste Chapelle, 109).

E. TAUSSERAT.

Châteauroux. — Imprimerie A. MELLOTTÉE

www.ingramcontent.com/pod-product-compliance
Ingram Content Group UK Ltd.
Pitfield, Milton Keynes, MK11 3LW, UK
UKHW020957220726
13924UKWH00002B/750